Mildred mau pacar!

Mildred Mau Pacar!
Text by Terry T. Waltz and Jiro Situmorang
Illustrations by Terry T. Waltz
©2017 by Terry T. Waltz

Published by Squid For Brains, Albany, NY USA

ISBN-13: 978-1-946626-18-9

Other than for academic reviews, no portion of this work may be reproduced or reformattd, including for purposes of display to a larger audience, without the prior written consent of the copyright holder.

Apakah Mildred punya pacar? Tidak.
Tapi Mildred mau pacar!

Pacar macam apa ?   Mildred mau pacar yang tampan. Dia mau pacar yang berumur delapan belas tahun.

Apakah Bustin Jeeber adalah pacar Mildred? Tidak. Bustin bukan pacarnya. Kenapa?

Karena dia punya pacar.

Apakah Harrison Hyundai pacar Mildred? Tidak. Kenapa? Dia berumur berapa tahun? Bukan delapan belas tahun!

Washcloth Bob sangat suka Mildred. Apakah dia pacarnya? Tidak, karena dia tidak berumur delapan belas tahun. Dia berumur tujuh belas tahun.

Apakah Tahuman pacar Mildred? Tidak. Tapi tidak karena dia tidak berumur delapan belas tahun. Dia berumur delapan belas tahun. Dia juga tampan. Tapi dia punya tujuh pacar!

Pacar Tahuman yang pertama adalah Barbara the Dinosaur. Dia berumur enam puluh empat tahun.

Pacar yang kedua dan ketiga adalah Ursalena dan Ursalina. Mereka adalah kakak perempuan Pandarella. Mereka berumur dua puluh tiga tahun.

Pacar yang keempat adalah Giuseppina. Dia adalah adik perempuan Giuseppe. Dia berumur tiga puluh lima tahun.

Pacar yang kelima adalah Ramona. Dia adalah adik perempuan teman ibu Egbert. Dia berumur empat puluh tahun.

Pacar yang keenam adalah Lois Leftlane. Dia berumur berapa tahun? Tidak ada orang yang tahu!

Pacar yang terakhir adalah nenek Bustin Jeeber. Dia berumur sembilan puluh delapan tahun.

Mildred menangis, karena dia mau pacar, tapi tidak punya.

Teman Mildred berkata kepadanya: "Saya punya dua teman. Mereka berdua adalah pria!"

Mildred berkata kepadanya: "Ya! Di mana mereka?"

Teman Mildred berkata kepadanya: "Mereka di Chopsticks, Washington."

Siapa nama dua teman pria yang berada di Chopsticks, Washington? Yang pertama adalah Edward Sullen.

Yang kedua namanya Jacob Slack juga di Chopsticks, Washington.

Edward Sullen dan Jacob Slack di Chopsticks, dan mereka tidak punya pacar!

Mildred berkata kepada mereka: "Apakah kalian berumur delapan belas tahun?"

Edward berkata: "Saya berumur tujuh belas tahun."

Jacob berkata: "Saya berumur enam belas tahun."

Mildred berkata kepada Edward: "Saya mau pacar yang berumur delapan belas tahun. Kita harus pergi ke Cina, oke?"

www.ingramcontent.com/pod-product-compliance
Lightning Source LLC
Chambersburg PA
CBHW051252110526
44588CB00025B/2963